AF224468

GALERIE

HISTORIQUE ET CRITIQUE

DU

DIX-NEUVIÈME SIÈCLE

PARIS

IMPRIMERIE DE L. TINTERLIN ET Ce

RUE NEUVE-DES-BONS-ENFANTS, 3.

GALERIE

HISTORIQUE ET CRITIQUE

DU

DIX-NEUVIÈME SIÈCLE

P.-F. VILLARET

(Extrait du 4ᵉ volume.)

PARIS

AU BUREAU DE LA GALERIE HISTORIQUE

6, BOULEVARD PIGALLE.

1863

VILLARET

(PIERRE - FRANÇOIS),

ARTISTE LYRIQUE.

E chanteur, auquel ses succès à l'Académie impériale de Musique assignent un rang distingué parmi les ténors qui ont brillé sur cette scène, est un ancien contre-maître d'une brasserie. Il ne se destinait à aucun théâtre, et encore moins à l'Opéra. C'est le hasard seul, ce dieu qui préside aux destinées humaines, qui l'y a conduit. Ses études, ensuite, ont aidé puissamment au triomphe qu'il obtint dès son début, et n'ont fait qu'assurer sa fortune inespérée.

PIERRE-FRANÇOIS VILLARET est né, le 29 avril 1830, à Milhaud, petite ville du département du

Gard. Fort jeune, il alla à Nîmes, où il se trouvait depuis une dixaine d'années, lorsqu'il fit la rencontre d'un savant professeur, **M. Rousselot**, qui, après lui avoir donné les premières notions de musique, l'engagea à cultiver sa voix qui lui paraissait admirable. Plus tard, Villaret arrivait à se faire remarquer dans quelques soirées d'amateurs. C'était pour lui une distraction, fort agréable il est vrai, mais qui ne lui offrait pas d'avenir, du moins à cette époque, et il se vit forcé de quitter Nîmes pour entrer, en qualité de contre-maître, dans une brasserie de Beaucaire.

Encore dans cette ville, qui a un orphéon où les belles voix ne sont cependant pas rares, celle de Villaret, par son étendue et la beauté de son timbre, excita l'enthousiasme. Reçu avec acclamations, il ne tarda pas à prendre le premier rang parmi ses camarades de l'orphéon. Cette société alla concourir à Marseille, et c'est là qu'il connut, pour son bonheur, M. Brun, directeur de l'orphéon d'Avignon, une des meilleures sociétés chorales de toute la France, et qui a remporté les deux premiers prix aux concours de Paris en 1861.

M. Brun est un artiste d'un grand mérite et un musicien vraiment sérieux. Il a plus d'une fois donné des preuves de son talent comme compositeur. Il est auteur d'une cantate, exécutée sur la grande place de la Préfecture, à Avignon, pendant un dîner officiel que l'Empereur, alors Président de la République, honora de sa présence, à l'époque de son voyage dans le Midi. Une strophe de cette cantate toucha profondément l'Empereur, qui la fit répéter, et le peuple éclata en applaudissements frénétiques. M. Villaret trouva en M. Brun un maître affectueux, dévoué même, ce qui est assez rare ; musicien de goût, il fut un guide habile pour le jeune chanteur.

C'est, du reste, une touchante histoire que celle de M. Brun. Il jouait du violon d'une manière remarquable ; mais une chute qu'il fit, vint nécessiter l'amputation d'une jambe, et le résultat de cette opération fut aussi déplorable que si on lui avait coupé un bras. Son système nerveux en resta si fortement ébranlé, qu'il ne lui était plus possible de toucher à son instrument sans ressentir les plus vives souffrances. Il avait donc été forcé d'abandonner le violon pour l'enseignement du chant ; il devint ensuite le directeur de l'orphéon d'Avignon, qu'il conduit, encore aujourd'hui, avec infiniment de talent, de zèle et de succès.

Pressentant l'avenir de Villaret, c'est M. Brun qui l'engagea à venir le joindre à Avignon, où, pendant une année, il a surveillé les études de son élève avec la plus constante sollicitude.

Au mois de mai 1862, M. Brun put monter *Guillaume Tell*, avec une partie de ses orphéonistes et le concours de quelques élèves du Conservatoire d'Avignon. Villaret, chargé du rôle d'Arnold, chanta deux fois cet opéra, au moment des courses ; la façon dont il s'acquitta de sa tâche, et qui lui mérita les plus chaleureux applaudissements, vint justifier les prévisions de son maître. A partir de cet instant, il fut recherché et invité partout. Dans l'été de 1862, à Orange, il est accueilli avec distinction et avec un cordial empressement par M. Nogent de Saint-Laurent, et on engage Villaret à se faire entendre à Paris. Le vrai talent est toujours modeste, aussi l'artiste repousse-t-il cette idée qu'il considère comme trop audacieuse. Mais l'éminent avocat l'encourage vivement à tenter l'aventure, lui offre sa protection, et Villaret se décide à venir à Paris.

« On le mène, écrit M. de Rovray dans *le Moniteur* du 29 mars 1863, chez M. Ambroise Thomas, chez M. Royer, directeur de l'Opéra ; il obtient une audition au mois d'août 1862, et on l'engage. A partir de ce moment, il a été confié à M. Vauthrot, qui a dirigé ses études avec un grand tact et qui s'est bien gardé de le soumettre à un système préconçu, à l'un de ces mécanismes destructeurs qui brisent les voix déjà faites sous prétexte de les élargir ou de les renforcer. Il n'y avait qu'à laisser cette heureuse nature se développer et s'épanouir dans sa floraison naturelle. C'est ce qu'a fort bien compris M. Vauthrot. Aussi une des qualités précieuses du nouveau ténor, et qui lui ont aussitôt gagné le public, c'est qu'il ne force jamais sa voix ; il n'exagère ni l'accent, ni le geste, ni l'expression.

« Il est de moyenne taille, large de poitrine et d'épaules, d'un air aisé, d'une physionomie ouverte, agréable et sympathique. Dès son entrée en scène, il a plu par sa tournure dégagée et par une sorte de confiance amicale dans le spectateur, qui n'avait rien d'emprunté ni de suffisant. Il paraissait se livrer à ses juges avec un entier abandon, sans témérité, mais sans crainte. Il a dit son premier récitatif avec une prononciation parfaite, articulant chaque syllabe avec une grande netteté, d'une voix fraîche, sonore et vibrante. Son premier duo avec Faure a été très-bien chanté. Toute la salle a battu des mains, et, dès ce moment, son succès a été assuré.

« Il a une fort belle voix de poitrine montant, sans effort, jusqu'à l'*ut*, et à laquelle se relie, par une transition presque imperceptible, avec une homogénéité et une égalité parfaites, une voix mixte, éclatante et charmante, qui rappelle la voix de Nourrit. C'est dans le duo du second acte avec Mathilde, qu'on a pu juger de toute la grâce et de l'émission si facile et si naturelle de ce délicieux organe. Le grand trio n'a pas été moins bien dit, mais on eût désiré plus de douleur et plus de larmes dans l'admirable phrase : *Mon père, tu m'as dû maudire.* Il faut faire la part de l'émotion, si grande chez le débutant que, malgré sa fermeté apparente, il s'est senti un instant suffoquer, au point qu'il ne croyait pas pouvoir continuer son rôle. On n'apprend que par un long exercice à bien ménager ses forces, à bien mesurer sa respiration, à graduer ses effets, à nuancer ses phrases, à s'épargner ou à se livrer selon que la situation l'exige. Ce sont les grands secrets de l'art, les oppositions, les demi-teintes, le style ; tout cela ne s'acquiert point en un jour. Au quatrième acte, le chanteur avait eu le temps de se reposer et de se remettre. Il a dit l'andante du fameux air en perfection. L'*ut* final est fort bien parti, mais il n'a point produit la détonation qu'on attendait. Aux répétitions, Villaret avait donné cette note redoutable avec beaucoup plus d'ampleur et d'éclat; mais ne pût-il pas la donner du tout, qu'on l'en dispenserait sans peine, et il n'en serait pas moins un des meilleurs ténors que nous ayons entendus jusqu'ici à l'Opéra. »

Depuis le jour de ses débuts, M. Villaret n'a fait que progresser dans la voie où il est entré, et toute la presse a constaté le mérite de cet artiste, qui a chanté encore, avec un vrai talent, le rôle d'Henri des *Vêpres Siciliennes* de Verdi.

Henry LAUZAC.

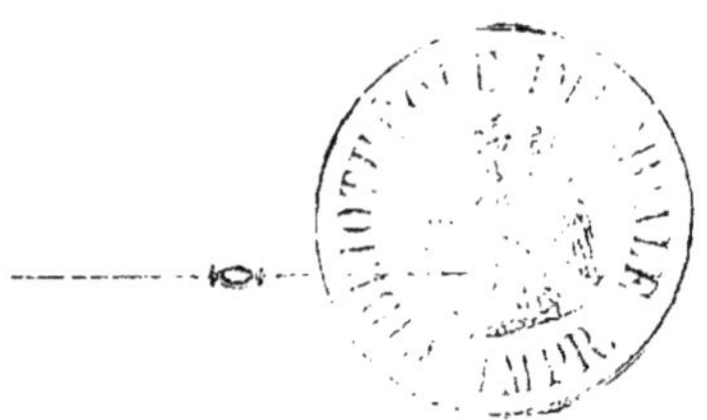